Josef Dirnbeck
Martin Gutl

Ich begann zu beten

JOSEF DIRNBECK
MARTIN GUTL

Ich begann zu beten

TEXTE FÜR MEDITATION UND GOTTESDIENST

VERLAG STYRIA

5. Auflage, 1980

Printed in Austria

Mit kirchlicher Druckerlaubnis
des Bischöflichen Ordinariates Graz-Seckau
vom 4. Dezember 1972, Zl. 14 Ap 15-72
Gesamtherstellung:
Druck- und Verlagshaus Styria, Graz
ISBN 3 222 10933 8

ALLEN,
DIE MEHR
ALS IHRE PFLICHT TUN,
GEWIDMET

INHALT

I
Ich begann zu beten

ICH BEGANN ZU BETEN

Ich hatte eine Zeit,
da war ich blind.
Ich dachte, was alle dachten.
Ich sagte, was alle sagten.
Ich tat, was alle taten.
Ich hatte eine Zeit,
da kaufte ich Andachtsbildchen,
da reihte ich Rosenkranz an Rosenkranz,
da betete ich täglich dreißig Psalmen.
Ich hatte eine Zeit,
da tat ich meine Pflicht,
da dachte ich in Schablonen,
da war für mich die Welt weit weg.
Ich hatte eine Zeit,
da war ich blind.

Da bin ich aufmerksam geworden.
Da merkte ich: vieles stimmt nicht.
Sie reden vom Sachzwang
und zerstören den Menschen.
Sie reden vom Frieden
und handeln mit Waffen.
Sie verdienen an den Gastarbeitern
und an der Dritten Welt.
Sie hassen einander
und gehen gemeinsam zum Gottesdienst.
Da bin ich aufmerksam geworden.

Da bin ich aufmerksam geworden.
Da habe ich die Bibel gelesen.
Einer versuchte den geraden Weg,

berief sich auf Gott,
sagte die Wahrheit.
Ich las von seinem Untergang
und las von seiner Auferstehung.
Da bin ich aufmerksam geworden.

Da begann ich zu fragen.
Wer ist schuld, daß die Welt
so ist, wie sie ist?
    Wir?
    Niemand?
    Gott?
    Sonst wer?
Wer wird sie verändern?
    Wir?
    Niemand?
    Gott?
    Sonst wer?
Wer tut etwas?
    Wir?
    Niemand?
    Sonst wer?
Da begann ich zu fragen.
Ich begann zu beten.

WARUM SAGE ICH IMMER NOCH

Warum sage ich immer noch
nach so langen Nächten:
Es wird wieder hell!
So viele haben die Fahne
auf Halbmast gesetzt.
Warum hoffe ich immer noch,
wo viele zerbrechen?
Warum liebe ich immer noch,
wo viele hassen?
Warum verstehe ich immer noch,
wo viele richten?
Warum vergebe ich immer noch,
wo viele sich rächen?
Warum bete ich immer noch,
wo viele lästern?
Warum sage ich immer noch
nach so vielen Todeserklärungen:
Er lebt!

VATER UNSER

Vater unser,
ein Gott für uns,
nicht ein Gott für sich!

Vater unser:
Industriekapitäne,
Bosse, Direktoren,
Pfarrer, Bischöfe,
Kardinäle,
Händler.
Vater unser:
Schlosser, Bauern
und Studenten,
Intellektuelle
und Kretins,
Riesen und Pygmäen,
Gesunde und Kranke.
Vater unser:
Krüppel und
Schönheitsköniginnen,
Präsidenten,
Diktatoren,
Unterdrückte,
Tyrannen,
Verbannte und
Verräter.

Vater unser,
ein Gott für uns,
nicht ein Gott für sich!

SEINE SONNE GEHT AUF

Seine Sonne geht auf
über Verurteilte und Richter,
Folterknechte und Gequälte,
Kinder und Eltern,
Enttäuschte und Satte,
Erfolgreiche und Pechvögel,
Ausländer und Nationalisten,
politisch Verfolgte und Gesinnungslumpen,
Sektierer und Rechtgläubige,
Pessimisten und Optimisten,
Verratene und Verräter,
Berühmte und Namenlose,
Etablierte und Proleten,
Professoren und Putzfrauen,
Rechtsradikale und Linksradikale,
Opportunisten und Nonkonformisten,
Mindestrentner und Millionäre,
Polizisten und Gauner,
Atheisten und Christen.

Seine Sonne geht auf
über Gute und Böse,
über Freunde und Feinde.
Und unsere Sonne bleibt
über den Freunden stehn.

WELT

Welt:
Ort der Lebenden, Ort der Sterbenden,
Ort der Gräber, Ort der Geburten.
Kyrie eleison.
Welt:
Wohnung für die, die lieben und helfen,
Kriegsschauplatz für die, die hassen.
Kyrie eleison.
Welt:
Heimat und Fremde, Freude und Trauer,
Schmerz und Hoffnung, Angst und Glück.
Kyrie eleison.
Welt:
Ein bißchen Friede und wenig Liebe,
viel zuviel Terror, viel zuviel Hunger.
Kyrie eleison.

VERTRAUEN, ABER WEM

Vertrauen, aber wem?
Herr, erbarme Dich!
Glauben, aber was?
Herr, erbarme Dich!
Denken, aber woran?
Herr, erbarme Dich!
Geben, aber wieviel?
Herr, erbarme Dich!
Leben, aber wozu?
Herr, erbarme Dich!
Beten, aber zu wem?
Herr, erbarme Dich!
Leiden, aber warum?
Herr, erbarme Dich!
Fragen, aber wie oft?
Herr, erbarme Dich!

II
Gewissens-Erforschung

GEWISSENS-ERFORSCHUNG

Ich soll mein Gewissen erforschen.
Ich soll das tun, was man
»sein Gewissen erforschen« nennt.
Ich bin ein erwachsener Mensch,
kritisch und aufgeklärt, ein Intellektueller,
ein Mensch des 20. Jahrhunderts.
Ich kann mein Gewissen nicht naiv erforschen,
ohne schuldig zu werden.
Ich kann mich nicht in einen Beichtspiegel flüchten,
ohne schuldig zu werden.
Ich muß mein Gewissen auf meine Art erforschen,
um nicht durch die Art meiner Gewissenserforschung
selbst schuldig zu werden.

Ich bin katholisch erzogen worden.
Ich bin im christlichen Glauben aufgewachsen.
Ich bin zur Sonntagsmesse
und den Sakramenten gegangen.
Ich habe geglaubt.
Einmal habe ich einen Menschen kennengelernt,
der nicht glaubte.
Er hat mir seine Gründe dargelegt.
Ich habe über seine Gründe nachgedacht.
Ich habe seine Gründe respektiert.
Ich habe mir überlegen müssen,
ob ich weiterglauben sollte oder ob ich
aufhören sollte, zu glauben.
Ich habe im Glauben meine Naivität verloren.
Ich wäre schuldig geworden, hätte ich weiterhin
absichtlich naiv geglaubt.

Seit ich mehr weiß, kann ich mich nicht mehr
in eine Illusion flüchten, ohne schuldig zu werden.
Seit ich meinen Glauben motivieren und verantworten
muß, kann ich mich nicht mehr in einen unmotivierten
und unverantworteten Glauben flüchten,
ohne schuldig zu werden.
Seitdem ich meine Naivität verloren habe,
ist mir Naivität als Ausweg versperrt.
Ich konnte auf eine neue Art
und Weise schuldig werden.
Ich mußte es vor meinem kritisch gewordenen
Gewissen rechtfertigen,
wenn ich den Rosenkranz zur Hand nahm,
wenn ich zu den Sakramenten ging,
wenn ich »die Kommunisten« verurteilte,
wenn ich konfessionelle Polemik betrieb.
Ich habe das Ganze als schmerzlich und
anstrengend empfunden.

Ich habe einmal jemanden beleidigt,
ohne es zu merken.
Ich merkte es erst, als er beleidigt war.
Als ich später einmal wieder in die Lage kam,
jemanden zu beleidigen, mußte ich an damals denken,
als ich unabsichtlich beleidigte.
Ich konnte nicht mehr unabsichtlich beleidigen.
Ich konnte mir nicht mehr einreden,
ich wisse nichts von der möglichen Beleidigung.
Ich konnte nicht mehr schuldlos jemanden beleidigen.
Ich habe im Beleidigen meine Naivität verloren.

Ich habe Karl Rahner gelesen.
Das hat mein Bewußtsein verändert
und meine Naivität zerstört.

Seitdem kann ich nicht mehr so tun,
als hätte ich Rahner nie gelesen,
wenn ich mein Gewissen erforsche.
Ich habe Sigmund Freud kennengelernt.
Das hat mein Bewußtsein verändert
und meine Naivität zerstört.
Seitdem kann ich nicht mehr so tun,
als habe Freud nie existiert,
wenn ich mein Gewissen erforsche.
Ich habe Peter Handkes »Selbstbezichtigung« gelesen.
Das hat mein Bewußtsein verändert
und meine Naivität zerstört.
Seitdem kann ich nicht mehr so tun,
als wüßte ich nichts
von Peter Handkes »Selbstbezichtigung«,
wenn ich mein Gewissen erforsche.
Ich habe im Fernsehen verhungerte Kinder gesehen.
Das hat mein Bewußtsein verändert
und meine Naivität zerstört.
Seitdem kann ich nicht mehr so tun,
als gäbe es nirgends verhungerte Kinder,
wenn ich mein Gewissen erforsche.

Jede neue Information,
jede Konfrontation,
jede Diskussion,
jede neue Erkenntnis,
jedes Erlebnis
verändert mein Bewußtsein
und zerstört meine Naivität.
Immer habe ich die Möglichkeit,
schuldig zu werden.

In jedem Schuldigwerden habe ich die Chance,
weiterzugehen.
In jedem Schuldigwerden stehe ich aber auch immer
in der Versuchung des Kain und des Judas Iskariot.
Ich habe eingesehen, daß sich mir immer dann,
wenn ich eine Schuld gutmache,
wenn ich ein Scheitern überwinde,
wenn ich weitermache,
eine neue Möglichkeit eröffnet,
schuldig zu werden.

DU BIST SCHLECHT

> »Können Sie hassen?« fragte der Beichtvater die Schwerkranke, die seit Jahren nicht mehr gebeichtet hatte. »Nein«, sagte sie. Und der Beichtvater sagte: »Das genügt.«

Du, ich würde dich nicht hassen,
ich habe doch gar nichts gegen dich.
Aber *weil du schlecht bist, hasse ich dich.*

Ich habe keine Beziehung zu dir –
daher bist du schlecht.
Ich finde keinen Weg zu dir –
daher bist du schlecht.
Ich begreife dich nicht –
daher bist du schlecht.
Ich traue dir Verschiedenes zu –
daher bist du schlecht.
Ich habe keine Vorurteile –
daher bist du schlecht.
Du bist anders als ich –
daher bist du schlecht.

Deine Unüberlegtheit am Mittwoch –
daher bist du schlecht.
Dein Schweigen von vorhin –
daher bist du schlecht.
Dein Gesicht gestern nachmittag –
daher bist du schlecht.
Weil du andere Freunde hast –
daher bist du schlecht.

Ich bin ein anständiger Mensch –
daher bist du schlecht.
Ich habe mir nichts vorzuwerfen –
daher bist du schlecht.
Du kannst sein, wie du willst –
ich hasse dich, und daher bist du schlecht.

Du, ich würde dich doch gar nicht hassen,
ich habe doch wirklich nichts gegen dich,
aber *weil du schlecht bist, hasse ich dich!*

UND WAS GESCHIEHT WIRKLICH

Täglich geschieht
so viel Alltägliches.
Täglich geschieht
so viel Nicht-Alltägliches.
Und was geschieht wirklich?
Das Glas zerspringt, der Kasten knarrt,
das Bild fällt von der Wand.
Die Tür geht von selbst auf, die Uhr bleibt
stehen, die Katze wäscht sich.
Und was geschieht wirklich?
Die Sonne geht auf, die Sonne steht im Zenit,
die Sonne geht unter.
Und was geschieht wirklich?

Jona ging eine Tagreise weit in die Stadt hinein
und sprach: »Noch vierzig Tage,
und Ninive wird zerstört werden!«
Und was geschieht wirklich?
Da traten sie hinzu, weckten ihn und riefen:
»Wir gehen zugrunde.«
Und was geschieht wirklich?
Gott sprach: »Du sollst keine anderen Götter
haben als mich.«
Und was geschieht wirklich?

Ich sage: »Es tut mir aufrichtig leid.«
Du sagst: »Herzliches Beileid.«
Er sagt: »Auf Wiedersehen!«
Und was geschieht wirklich?
Marquis von Posa sagt:
»Geben Sie Gedankenfreiheit!«

Und was geschieht wirklich?
Ich sage: »Ich bring dich um.«
Du sagst: »Rutsch mir den Buckel hinunter!«
Er sagt: »Du bist der größte Idiot aller Zeiten.«
Und was geschieht wirklich?
Die Königin der Nacht singt:
»Wenn nicht durch dich Sarastro wird erblassen!«
Und was geschieht wirklich?

Ich lebe, du lebst, er/sie/es lebt,
wir leben, ihr lebt, sie leben.
Und was geschieht wirklich?
Ich atme, ich nehme kalorienreiche Nahrung zu mir,
ich bin Brillenträger und Krankenkassenpatient.
Ich trage im Sommer Sommerkleidung
und im Winter Winterkleidung.
Und was geschieht wirklich?
Die Frau kauft Babywäsche,
der Mann ruft die Klinik an,
der Beamte stellt eine Geburtsurkunde aus.
Der Mann kauft eine schwarze Krawatte,
die Frau ruft die Gärtnerei an,
der Beamte stellt eine Sterbeurkunde aus.
Und was geschieht wirklich?
Ich darf mit Ihrer Zustimmung rechnen,
bleibt es dabei, wir notieren Ihren Auftrag,
einfach oder retour, waren Sie schon einmal
in Behandlung, so sprechen Sie: Ja.
Und was geschieht wirklich?

Die Suppe dampft, die Teller klirren,
der Braten wartet, der Sekt perlt, die Gläser klingen.
Und was geschieht wirklich?

Und was geschieht wirklich?
Jetzt,
in einigen Sekunden,
in zwei Minuten,
in einer Viertelstunde,
in zwei Stunden,
nachmittag,
heute abend,
morgen,
übermorgen,
in einer Woche,
übernächsten Sonntag,
in einem halben Jahr,
in sieben Jahren,
im nächsten Jahrzehnt,
im Jahr 2000?

»Himmel und Erde werden vergehn,
aber meine Worte werden nicht vergehn.«
Und was geschieht wirklich?

ICH GEBE ZU, ICH HABE ANGST

Ich gebe zu, ich habe Angst.
Ich habe versucht, meine Angst zu verstecken.
Ich habe versucht, selbstsicher aufzutreten,
um meiner Umgebung zu zeigen, wer ich bin.
Ich habe mich nicht preisgegeben;
ich habe zwar Informationen weitergegeben,
mich selbst aber aus allen Gesprächen
und jeder Stellungnahme herausgehalten.
Ich habe nie richtig zugehört,
ich habe nur registriert.

Ich gebe zu, ich habe Angst.
Ich habe Angst, die Menschen könnten
mein Wort mißbrauchen.
Ich habe Angst, mein Vertrauen könnte jemanden
verführen, mich zu erpressen.
Im Grund vertraue ich niemandem,
auch mir selbst nicht.
Es ist mir zu riskant, auf andere zu bauen.
Ich kenne zu viele,
die für ihr Vertrauen gebüßt haben.

Ich gebe zu, ich habe Angst.
Denn ich habe zu wenig Menschen,
die mich lieben,
die mir Freundliches sagen.
Ich habe Angst um meinen Arbeitsplatz,
ich habe Angst, meinem Chef unangenehm
aufzufallen.
Ich habe Angst vor Menschen
mit einer eigenen Meinung.

Ich habe Angst vor Menschen,
die sich gegen das Unrecht zur Wehr setzen,
weil sie mir meine Feigheit bewußt machen.

Ich habe Angst vor einem Mann
namens Jesus von Nazaret,
denn er hat etwas getan,
was ich an seiner Stelle
nie gemacht hätte.

ARGUMENTE DES PHARISÄERS

Was wollen Sie mir von den sieben Hauptsünden
erzählen?
Ich habe es nicht nötig, hoffärtig zu sein,
denn ich bin ohnehin intelligent, sympathisch,
imponierend und charmant. Wozu sollte ich mir
etwas einbilden, worauf sollte ich stolz sein?
Ich habe es nicht nötig, geizig zu sein,
denn was mir gehört, gehört ohnehin mir und
bleibt mir daher auch. Was sollte ich mich darum
bemühen, das Meine zu verteidigen, was sollte
ich geizig sein?
Ich habe es nicht nötig, unkeusch zu sein,
denn sie rennen mir nach, nicht ich ihnen;
nicht ich habe sie erwählt, sie haben mich
erwählt. Soll ich vielleicht in ihr Gewissen
eingreifen? Bin ich denn der Hüter der
Keuschheit? Mich interessiert die Unkeuschheit
nicht.
Ich habe es nicht nötig, neidisch zu sein,
denn ich weiß, wie naiv diese alle sind,
die sich einbilden, Fähigkeiten zu haben
und deswegen etwas zu erreichen. Als ob
ich das nicht genauso gut könnte und
noch besser! Sie halten sich für beneidenswert,
das ist ihre Schuld.
Ich habe es nicht nötig, zornig zu sein,
denn soll ich mich wirklich dazu hergeben,
zu brüllen, Wut zu schnauben und sinnlos
zu trampeln? Ein Achselzucken im geeigneten
Augenblick, eine unpassende Bemerkung im
passenden Moment wirken viel größere Wunder;

wer ist schon so plump, heutzutage
noch zu zürnen?
Ich habe es nicht nötig, unmäßig zu sein,
denn wer sollte mir ein Maß setzen?
Ich weiß doch selber gut, wann es genug ist.
Niemand hat das Recht, die Weinflaschen,
die ich bezahlt habe, nachzuzählen.
Ich nehme ja niemandem etwas weg,
was ich verbrauche, ist meine Sache, wenn ich
es mir nur leisten kann. Ich bin doch nicht pervers,
unmäßig zu sein!
Ich habe es nicht nötig, träge zu sein,
denn daß von nichts nichts wird, ist doch klar.
Ich kontrolliere meine Konten und sorge,
daß meine Angestellten arbeiten. Herzlich gern
tu ich für jeden etwas, der etwas von mir will,
aber natürlich kann ich nicht für alle da sein;
ich kann mich doch nicht zerreißen, das ist klar.
Meine Zeit ist begrenzt, und wo kämen wir
denn hin, wenn ich mich um alles kümmern sollte.
Trägheit kommt überhaupt nicht in Frage.
Hauptsache, ich bin mit mir zufrieden.

III
Ich möchte etwas über Gott erfahren

ICH MÖCHTE ETWAS ÜBER GOTT ERFAHREN

»Sie haben Mose und die Propheten;
auf die sollen sie hören.«
(Lk 16,29)

Ich möchte etwas über Gott erfahren,
und darum wende ich mich an Sie:
Sie wissen so viel über Gott.
»Sie haben die Bibel und die Theologen!«
Wen haben die Theologen?
Ich möchte etwas über Gott erfahren.
»Die Bibel und die früheren Theologen!«
Wen hatten die früheren Theologen?
Ich möchte etwas über Gott erfahren.
»Die Bibel und noch frühere Theologen.«
Wen hatte die Bibel?
Ich möchte etwas über Gott erfahren.
»Die Bibel hatte die Apostel und die Zeugen.«
Wen hatten die Apostel?
Ich möchte etwas über Gott erfahren.
»Die hatten den Glauben.«
Ich möchte etwas über den Glauben erfahren,
und darum wende ich mich an Sie:
Sie wissen so viel über den Glauben.

ZWISCHEN GLAUBEN UND GLAUBEN

»Wenn eure Gerechtigkeit nicht weit vollkommener sein wird als die der Schriftgelehrten und Pharisäer, werdet ihr nicht hineinkommen in das Himmelreich.«
(Mt 5,20)

Zwischen Glauben und Glauben
besteht ein Unterschied.

Es gibt einen Glauben,
der trennt, und einen,
der zusammenführt.
Es gibt einen Glauben,
der fordert und richtet,
und einen, der hinweist und hilft.
Es gibt einen Glauben,
der tötet, und einen,
der stützt und ermutigt.
Es gibt einen Glauben,
der zum Verständnis befreit,
und einen, der Intoleranz fördert.
Es gibt einen Glauben,
der auf den Menschen zielt,
und einen, der von ihm ablenkt.
Es gibt einen Glauben,
der Wege zur Hilfe zeigt,
und einen, der alles zum Schicksal erklärt.
Es gibt einen Glauben,
der Tränen trocknet,
und einen, der hartherzig macht.

Es gibt einen Glauben,
der Tote zum Leben erweckt,
und einen, der Leben verhindert.
Es gibt einen Glauben,
der die Phantasie anregt,
und einen, der einfallslos macht.

Zwischen Glauben und Glauben
besteht ein Unterschied.

SAGEN NICHT DESWEGEN SO VIELE

»Wenn jemand seinen Bruder, den er vor Augen hat, nicht liebt, dann kann er Gott, den er nicht sieht, auch nicht lieben.«
(1 Joh 4,20)

Sagen nicht deswegen so viele:
Es gibt keinen Gott,
– weil es uns nicht gibt:
uns Helfer,
uns Verteidiger des Menschenrechts,
uns Gegner jeder Diktatur,
uns Friedensstifter,
uns Christen?
Sagen nicht deswegen so viele:
Es gibt keinen Gott,
– weil es uns nicht gibt:
als Hand, die heilt,
als Wort, das befreit,
als Wasser, das Wüsten belebt?

ALIBI

»Wenn einer mir nachfolgen will, so verleugne er sich selbst und nehme täglich sein Kreuz auf sich und folge mir nach.« (Lk 9,23)

Schon, aber
ich muß auf meine Stellung achten.
Schon, aber
meine Verlobte mag das nicht.
Schon, aber
dafür habe ich keine Zeit.
Schon, aber
ich riskiere zu viel.
Schon, aber
was werden die Leute sagen?
Schon, aber
meine Eltern sind anderer Meinung.
Schon, aber
ich müßte mich engagieren.
Schon, aber
ich bin schon so oft frustriert worden.
Schon, aber
man kann auch so ein guter Mensch sein.

NICHTS IST SELBSTVERSTÄNDLICH

Segnest du nicht das Werk seiner Hände, und breitet sich nicht sein Besitz im Lande aus? Aber strecke einmal deine Hand aus und taste alles, was sein ist, an, ob er dir dann nicht ins Angesicht flucht!
(Ijob 1,10f)

Du hast eine Mutter,
sie kann dir genommen werden.
Du hast eine Wohnung,
sie kann dir verbrennen.
Du hast eine Freiheit,
du kannst sie verlieren.
Du hast zwei Augen,
du kannst erblinden.
Du hast einen Verstand,
du kannst wahnsinnig werden.
Du hast gesunde Glieder,
du kannst ein Krüppel werden.
Du hast Freunde,
sie können deine Gegner werden.
Du hast einen Glauben,
du kannst ihn aufgeben.
Du hast eine Hoffnung,
du kannst verzweifeln.

ES IST WIE

»Dies aber bedeutet das Gleichnis: der Same
ist das Wort Gottes.«
(Lk 8,5.11)

Es ist wie ein Reißnagel,
auf den du trittst und jammernd fluchst;
es ist wie ein Raumspray,
den du nicht merkst, wenn du nicht von außen kommst;
es ist wie eine Kalkmauer,
an die du streifst und deren Spuren du im Weitergehen
nicht völlig beseitigen kannst;
es ist wie ein Ziegel,
den du erst bemerkst, wenn du über ihn stolperst;
es ist wie ein Werbefilm,
den du gar nicht sehen wolltest und der dich dann
doch interessiert;
es ist wie eine Sicherung,
die du noch als Reserve zu Hause hast und die dir
den Kurzschluß beendet;
es ist wie eine Schnellbremsung auf der Autobahn,
die dich aus dem Gleichgewicht bringt, aber rettet;
es ist bald angenehm, bald unauffällig,
bald anstößig, bald schmerzlich, bald uninteressant;
es ist wie ein Same,
den der Sämann nahm und in den Acker säte.

IV
Er ist ein Mensch geworden wie wir

ER IST EIN MENSCH GEWORDEN WIE WIR

Er ist ein Mensch geworden wie wir,
eingeklemmt zwischen Geburt und Tod,
zermürbenden Mächten ausgesetzt,
im Kampf mit denen, welche die Lüge lieben,
umgeben von Menschen, die ihn kaum verstanden,
geschunden, gequält und gekreuzigt:
Jesus von Nazaret.

Er lebte im Zwiespalt,
versucht und verlassen;
er ist zugrunde gegangen
mit der Frage: Warum?
Seine Antwort ermutigt uns
zum Leben.
Er hat sein Wort gegeben,
das die Angst vertreibt,
das vom Zweifel befreit
und das Hoffnung ermöglicht.

Er war, wo Menschen kämpften und litten,
wo Menschen ihre Hoffnung nicht aufgaben,
wo sich Arme, Entrechtete, Unnütze trafen.
Er war mitten unter Fremden und Feinden.
Er litt an der Lüge und an der Falschheit.
Er blieb bei der Wahrheit und sah
in der Liebe den Ausweis des Glaubens.
Er sprach Worte, die seine Freunde
nicht vergessen konnten.

Eine Verheißung
durchzieht unser Leben:
sein Geist macht uns bereit,
immer neu aufzubrechen
zu anderen Ufern.
Er gibt uns Vertrauen,
selbst Unmögliches zu versuchen,
wachsam zu bleiben,
die Wahrheit zu sagen,
ein geknicktes Rohr nicht zu brechen,
einen glimmenden Docht nicht zu löschen,
Getretene aufzurichten,
Geschundene nicht allein zu lassen,
Stummen ein Mund,
Tauben ein Ohr,
allen alles zu werden.

ENDLICH EINER, DER SAGT

Endlich einer, der sagt:
»Selig die Armen!«
und nicht:
Wer Geld hat, ist glücklich!
Endlich einer, der sagt:
»Liebe deine Feinde!«
und nicht:
Nieder mit den Konkurrenten!
Endlich einer, der sagt:
»Selig, wenn man euch verfolgt!«
und nicht:
Paßt euch jeder Lage an!
Endlich einer, der sagt:
»Der Erste soll der Diener aller sein!«
und nicht:
Zeige, wer du bist!
Endlich einer, der sagt:
»Was nützt es dem Menschen, wenn er
die ganze Welt gewinnt!«
und nicht:
Hauptsache vorwärtskommen!
Endlich einer, der sagt:
»Wer an mich glaubt, wird leben in Ewigkeit!«
und nicht:
Was tot ist, ist tot!

WAS IST EINER GEGEN SO VIELE

Was ist einer gegen so viele?
Einer, der hofft,
gegen so viel Verzweiflung?
Einer, der auf Macht verzichtet,
gegen so viel Korruption?
Einer, der heilt,
gegen so viel Vernichtung?
Einer, der rettet,
gegen so viele Richter?
Ein Lebendiger
gegen so viele Tote?

JESUS

Einer kam
und zeigte,
wie ein Blitzlicht,
einen Bruchteil
der Geschichte,
was ein Mensch
sein könnte.

ES WIRD BERICHTET

Es wird berichtet
von einem Mann
namens Jesus,
daß er mit den verhaßten
Samaritern sprach.
Es wird berichtet,
daß er bei den Pharisäern aß.
Es wird berichtet,
daß er nicht sparsam war
mit harten Worten,
wenn er die Pharisäer
zur Rede stellte.
Es wird berichtet,
daß er sich mit wenig ehrenhaften
Leuten abgab.
Es wird berichtet,
daß er Kranke heilte.
Es wird berichtet,
daß er Händler
aus dem Tempel trieb.
Es wird berichtet,
daß man ihn einige Male töten wollte.
Es wird berichtet,
daß er deswegen nicht weniger offen redete.
Es wird berichtet,
daß er gekreuzigt wurde.
Es wird berichtet,
daß er seinen Feinden am Kreuz verzieh.
Es wird berichtet,
daß er lebt.

HEUTE IST ER GESTORBEN

Heute ist er gestorben,
mit dreiunddreißig Jahren,
ohne Verdienstmedaillen,
ohne Vermögen,
ohne Ansehen.
Nach drei Jahren Wahrheit
schon am Ziel,
schon am Kreuz,
verlassen,
diskriminiert,
kein Sieger,
ein Opfer,
stirbt, wie ein jeder stirbt:
schreiend,
hilflos,
allein,
Jesus, der Freund
der Diskriminierten,
der Kinder und Kranken,
mit einer Botschaft von Gott.

AUFERSTANDEN

Grab, das ist:
nicht mehr weiterkönnen.
Grab, das ist:
keine Aussicht haben.
Grab, das ist:
zerbrochene Seele.
Grab, das ist:
ausgeronnen.
Grab, das ist:
tot.

Auferstanden, das ist:
Aufgabe haben.
Auferstanden, das ist:
Neuland sehen.
Auferstanden, das ist:
Liebe schenken.
Auferstanden, das ist:
vertrauen können.

V
Wir brauchen Menschen

WIR BRAUCHEN MENSCHEN

Trotz der drei Milliarden:
viel zuwenig Menschen.

Wir brauchen Menschen,
die nach der zehnten Enttäuschung
noch vertrauen können.
Wir brauchen Menschen,
die ein offenes Wort riskieren,
wenn anderen ein Unrecht geschieht.
Wir brauchen Menschen,
die lieber hergeben
als kassieren.

Trotz der drei Milliarden:
viel zuwenig Menschen.

Wir brauchen Menschen
mit etwas mehr Heroismus
und weniger Paragraphengeist.
Wir brauchen Menschen
mit etwas mehr Praxis
und weniger Bequemlichkeit.
Wir brauchen Menschen
mit etwas mehr Hand
und weniger Faust.

Trotz der drei Milliarden:
viel zuwenig Menschen.

Wir brauchen Menschen,
deren Ja ein Ja ist
und deren Nein ein Nein ist.
Wir brauchen Menschen,
deren Hoffnung andere trägt
und zum Leben erweckt.
Wir brauchen Menschen,
damit die Zukunft menschlicher wird
als die Vergangenheit.

ES GIBT ZU VIELE

Es gibt
zu viele Bürokraten,
zu viele Tyrannen,
zu viele Kriegshetzer,
zu viele Egoisten.
Es gibt
zu viele Sozialgeschädigte,
zu viele Außenseiter,
zu viele Diskriminierte,
zu viele Flüchtlinge,
zu viele Selbstmörder.
Es gibt
zu wenig Krankenschwestern,
zu wenig Fürsorgerinnen,
zu wenig Friedensstifter,
zu wenig Entwicklungshelfer,
zu wenig Seelsorger,
zu wenig Ratgeber,
zu wenig Partner,
zu wenig Freunde,
zu wenig Väter,
zu wenig Mütter,
zu wenig Liebende,
zu wenig Geliebte.
Es gibt zu viele, die sagen:
Was geht das mich an?

ES WAR EINMAL – UND WAS IST JETZT?

Es war einmal,
da schlug Moses Wasser aus dem Felsen –
und was ist jetzt?

Ein Lehrer für gehirngeschädigte Kinder
beginnt trotz Enttäuschung noch einmal.

Es war einmal,
da fiel Manna vom Himmel –
und was ist jetzt?

Ein Anwalt für politische Häftlinge
beginnt trotz Enttäuschung noch einmal.

Es war einmal,
da erhob sich die Tochter des Jairus –
und was ist jetzt?

Eine Frau, jahrelang von ihrem Mann betrogen,
beginnt trotz Enttäuschung noch einmal.

DIE, MIT DENEN KEINER REDET

Die, mit denen keiner redet,
die man gerne übersieht,
die zur Minderheit gehören,
die, für die keiner Zeit hat,
die allein geblieben sind,
die niemanden interessieren,
die keine Familie haben,
die nicht mehr konkurrenzfähig sind,
die keinen Erfolg haben,
die sich nicht behaupten können,
die keine Freiheit haben,
die nicht mehr hoffen können,
die sind *unsere Nächsten.*

LIEBE DEINE FEINDE

Liebe deine Feinde,
den fetten Spießer,
der sich an deinem Unglück freut,
den Chef,
der nur deine Arbeit braucht,
den Spitzel,
der dich verleumdet,
den Minister,
der sich eine Traumvilla baut,
den Kollegen,
der gegen dich intrigiert,
den Nachbarn,
der immer mehr verdummt,
den Kriecher,
der seine Karriere schafft.
Liebe die,
die dich am liebsten ausradieren möchten,
die sich scheuen, mit dir zu reden,
die deine Argumente fürchten,
die dich täglich beobachten,
die auf Affären aus sind,
die auf deine Verzweiflung warten,
die dir aus dem Weg gehen.
Liebe die,
die nicht wissen, was sie tun!

DIE ERSTEN CHRISTEN HATTEN WENIGER

Die ersten Christen hatten:
weniger Bauten –
aber mehr Sinn füreinander.
Weniger Dogmen –
aber mehr Glauben.
Weniger Organisation –
aber mehr Dynamik.
Weniger Protektion –
aber mehr Vertrauen.
Weniger Leisetreter –
aber mehr Verfolgte.
Weniger Theologen –
aber mehr Zeugen.

ALS SIE DREI JAHRE MIT IHM GINGEN

Als sie drei Jahre mit ihm gingen,
träumten sie von Ministerposten.
Als er an einem Kreuz starb,
ließen sie den Kopf hängen.
Als er unter ihnen war,
wußten sie, daß er lebt.
Als man seine Lehre unterdrückte,
setzten sie ihre Sicherheit aufs Spiel.

VI
Wer gibt mir die Hand

WER GIBT MIR DIE HAND

Wer gibt mir die Hand?
Wer legt seinen Arm um meine Schulter?
Wer schaut mir ins Auge?
Wer setzt sich zu mir an den Tisch?

Warum werde ich immer abgelehnt?
Warum darf ich nie ausreden?
Warum wird mir immer die Tür zugeknallt?
Warum schreit man mich grundlos an?

Wie lang muß ich schreien,
bis einer mich hört,
bis einer aufwacht und mehr tut
als bloß bedauern?

VERTRAUEN IST WIE WASSER

Vertrauen ist wie Wasser,
das Schiffe trägt,
das den Schmutz auflöst,
das Durstige erfrischt,
das Wüsten zu Oasen macht,
das Felsen aushöhlt,
das sich in Stauseen sammelt,
das Kraftwerke speist und Strom erzeugt,
das sich bewegt, vertrocknet
und wieder als Regen zurückkommt.

WENN WIR EINANDER BEGEGNEN

Wenn wir einander begegnen,
wissen wir, wer wir sind.

Wir suchen mehr,
als wir finden.
Wir bitten mehr,
als wir danken.
Wir rauben mehr,
als wir schenken.
Wir fluchen mehr,
als wir segnen.

Wenn wir einander begegnen,
wissen wir, wer wir sind.

Wir sind mehr
als ein fliehender Schatten,
mehr als ein Schrei im Wind:
Wenn wir einander
fördern und entfalten.
Wenn wir einander
die Last abnehmen.
Wenn einer dem anderen sagt:
Gut, daß es dich gibt!
Wenn einer verzeihen kann.
Wenn einer hilft.

Wenn wir einander begegnen,
wissen wir, wer wir sind.

JEMAND HAT ZU MIR GESPROCHEN

Jemand hat zu mir gesprochen
und nicht an mir vorbei.

Jemand hat sich mit mir eingelassen
und nicht das Risiko gescheut.

Jemand hat mir zugehört
und nicht auf die Uhr gesehen.

Jemand hat sich mir zugewandt
und nicht ungeduldige Augen gemacht.

Jemand hat mich mitgenommen
und nicht sitzenlassen.

Jemand hat sich helfen lassen
und nicht stolz abgelehnt.

Jemand hat sich als Christ bewährt.

VII
Bin nur eine Adresse

BIN NUR EINE ADRESSE

Bin nur eine Adresse, auf ein Blatt Papier geschrieben. Bin einer, der fremd ist in diesem Land. Man hat mich geholt, weil man meine Arbeit braucht, nur meine Arbeit, sonst nichts. Niemand freut sich, wenn ich in ein Gasthaus komme. Die Leute schauen weg, wenn ich mit ihnen reden will. Im Zug setzt sich keiner zu mir. Niemand dankt, wenn ich grüße. Niemand lächelt, wenn ich etwas frage. In diesem Land werde ich bloß gebraucht.

BIN NUR EINE KÖRPERBEHINDERTE

Bin nur eine Körperbehinderte. Bin nur eine, die danebensitzt, immer nur daneben und nie mittendrin. Bin nur eine, die man gerade noch zur Kenntnis nimmt. Als Partnerin komme ich nicht in Frage. Die andern vergnügen sich auf Parties, und ich bin allein in meinem Zimmer und führe Selbstgespräche. Ich wäre ein glänzender Euthanasiefall. Manchmal wechseln sehr nette Menschen ein paar Worte mit mir, so wie man ein paar Schillinge in den Opferstock wirft.

BIN NUR EIN »ARMER TEUFEL«

Bin nur ein »armer Teufel«. Habe mein Lebtag gegeben, was ich konnte. Bin ein Hilfsarbeiter geblieben. Jetzt lieg ich im Bett; die Ärzte machen ernste Gesichter. Meine Freunde sind selten geworden. Manchmal setzt sich jemand zu mir und nimmt mich an der Hand. Ich bin schon ziemlich schwerhörig und spüre jeden Tag mehr, wie mein Leben verrinnt. Bin immer der Zweite gewesen: bei fremden Leuten im Dienst, im Krieg an der Front, in Rußland gefangen. Mein Leben war bescheiden. Meine Arbeit war schwer. Bin nur ein Dritte-Klasse-Patient vom Zimmer 74. Was wird von mir bleiben? Wer wird sich meinen Namen merken? Drei Kinder sagen Vater zu mir. Meine Frau wird eine Rente beziehen. Ein paar Leute werden sagen: Den hab ich auch gekannt.

BIN NUR DAS KIND INDISCHER ELTERN

Bin nur das Kind indischer Eltern. Warum bin ich
kein Schwede? Warum bin ich nicht Schweizer oder
ein Deutscher? Dann wäre ich tüchtig, hätte mein
Haus und gäbe Spenden für Entwicklungshilfe.
Bin nur das Kind indischer Eltern. Die Menschen
sind alle gleich, fast gleich. Alle haben Augen,
Ohren und Nasen. Alle haben einen Magen, nur –
meiner tut weh.
Bin nur ein indisches Kind, das hungert. Geboren
wozu? Geboren zu nichts, geboren zu hungern.
In China hat man zu essen, so sagt man; Genaueres
weiß man nicht. Schuld sind wir doch selbst, so
sagt man; aber davon werd ich nicht satt.
Bin nur ein hungriges Kind.

VIII
Jetzt ist es noch Schicksal

JETZT IST ES NOCH SCHICKSAL

»In zehn Jahren vielleicht, wer weiß, oder schon in einem Jahr gibt es ein Heilmittel, aber jetzt ist es noch Schicksal.«
(Max Frisch, Biografie)

Er hat drei Kinder und Krebs.

Am Beginn seiner Karriere: Krebs.
Sein Haus erst im Rohbau: Krebs.
Jetzt ist es noch Schicksal: Krebs.

Fragt nicht so scheinheilig:
Warum läßt Gott das zu? –
Warum läßt der Mensch das zu?

Krebs – aber weiter Vernichtungswaffen.
Krebs – aber weiter steigender Alkoholumsatz.
Krebs – aber weiterhin Mauern und Stacheldraht.

Fragt nicht so scheinheilig:
Warum läßt Gott das zu? –
Warum läßt der Mensch das zu?

Die Städte werden zu Gaskammern.
Das Tote Meer macht Schule.
Jetzt ist es noch Schicksal.

Er hat drei Kinder und Krebs.

JUNG WAR SIE

Jung war sie.
Vital war sie.
Intelligent war sie.
Tolerant war sie.
Hilfsbereit war sie.
Lehrerin war sie.
Studentin war sie.
Mutter war sie.
Christ war sie.

In einer großen Kurve
stießen die Autos zusammen.
Nach ein paar Stunden im Spital
war sie tot.
28 Jahre alt war sie.
Und jetzt?

AN DER BAHRE EINES GROSSEN

An der Bahre eines Großen
zogen die Leute vorbei.
Und eine Frau, bescheiden gekleidet,
flüsterte, mit einem Blick auf den Toten:
Er hat viel für die Armen getan!
Was einer dem anderen geschenkt hat,
kann niemand mehr nehmen.
Brot, nicht untereinander geteilt,
wird uns belasten.
Segen, nicht weitergesprochen,
wird uns zum Fluch.
Wort Gottes, nicht weiterverkündet,
wird uns zum Angriff.
Die Armen stehen bereit.
Sie warten auf den,
der zu ihnen mehr ist
als höflich und nett.

EINE FRAU STÜRZTE SICH AUS DEM FENSTER

Eine Frau stürzte sich
aus dem Fenster des Krankenhauses:
eine Tote auf dem Trottoir,
neugierige Passanten,
eifrige Polizisten,
betroffene Krankenschwestern,
vier verwaiste Kinder.

Sie hielt es nicht mehr aus.
»Schwache Nerven«, sagen die einen.
»Wie konnte sie!« fragen die anderen.
Viele gehen zu ihrem Begräbnis.
Aber keiner kam, als sie Hilfe brauchte.

DU MUSST GANZ GLÜCKLICH WERDEN

Du mußt ganz glücklich werden,
sagte sie beim Abschiedskuß.

Wer kann schon ganz glücklich werden?
  Bei dem, was uns belastet,
  beim Gedanken
  an die Gelähmten,
  an die vielen Blinden.
Wer kann schon ganz glücklich werden?
  Bei der Nachricht
  von den Kriegen
  und den Toten,
  von den Rassenunruhen
  und von politisch Verfolgten.
Wer kann schon ganz glücklich werden?

Nur wer ganz gleichgültig ist,
kann ganz glücklich werden.

SEIN GLAUBE KONNTE NICHT GEBOREN WERDEN

Sein Glaube konnte nicht geboren werden.
Vater und Mutter
kannte er nur vom Hörensagen,
ein Findelkind,
ein Pflegekind.
Geschwister hatte er keine.

Die Gesellschaft hat ihm gegenüber
ihre Pflicht erfüllt.

Sein Glaube konnte nicht geboren werden.
Erzieher, die die Norm erfüllten.
Staatsanwälte, die die Anklagen formulierten.
Häftlinge, die wegen seiner langen Ohren lachten.
Arbeitskollegen, die ihm nur Mißtrauen zeigten.

Wie sollte er glauben,
wie sollte er hoffen,
wie sollte er ein Gefühl für andere haben,
wenn er nie geliebt und aufgenommen wurde?

So blieb er, was er war:
Gewohnheitsdieb.

Sein Glaube konnte nicht geboren werden.

WOVON KOMMT DIE LIEBE

Glaube kommt vom Hören, und wovon kommt
die Liebe?

Du hast mich bloß gezeugt.
Du hast mich bloß erhalten.
Du hast für mich bezahlt.
Du hast mich nicht geliebt.

Glaube kommt vom Hören, und wovon kommt
die Liebe?

Du hast mir die Aufklärung vorenthalten.
Du bist nie auf meine Fragen eingegangen.
Du hast mich zum Jasager erzogen.
Du hast mich nicht geliebt.

Glaube kommt vom Hören, und wovon kommt
die Liebe?

Du hast dein Auto und dein Vergnügen
mehr geliebt als mich.

IX
Sie nennen es provokant

SIE NENNEN ES PROVOKANT

Sie nennen es provokant.
  Wir nennen es wahr.
Sie nennen es revolutionär.
  Wir nennen es christlich.
Sie nennen es Übertreibungen.
  Wir nennen es Fakten.
Sie nennen es Frieden.
  Wir nennen es Verrat.

Sie sagen: Disziplin,
  und meinen: Gummiknüppel.
Sie sagen: Wir sind für die Einheit,
  und meinen: Nieder mit der Opposition.
Sie sagen: Sicherheit,
  und meinen: Polizei.
Sie sagen: Gott,
  und meinen sich selber.

Sie nennen es Gewinn.
  Wir nennen es untragbar.
Sie nennen es Ordnung.
  Wir nennen es Unrecht.
Sie nennen es gerecht.
  Wir nennen es unmenschlich.
Sie reden von Gesetzen.
  Wir reden von Menschen.

SIE KÖNNEN ES NICHT DULDEN

Sie können es nicht dulden,
sie können es nicht erlauben,
sie können es nicht wagen,
sie können es nicht durchgehen lassen,
sie können es nicht auf sich nehmen,
ein Gewissen zu haben.

SIE MACHTEN SICH IHREN GOTT

»Und Gott sprach: Du sollst dir kein Bild machen!«
(Ex 20,4)

Sie machten sich ihren Gott,
der ihnen gleich war:
rachsüchtig und unbarmherzig,
einen Gott der Ruhe und Ordnung,
der die Mächtigen anerkennt
und die Besserwisser bestraft,
der mit erhobenem Zeigefinger
auf die kleinen Kinder schaut,
der Kriege und Hochwasser schickt,
der die Schmerzen segnet
und das Glück nur duldet.
Sie machten sich ihren Gott
nach ihrem Ebenbild.

ICH MÖCHTE EINEN APFEL

Ich möchte einen Apfel.
Ich möchte eine Birne.
Ich möchte ein Mittagessen.
Ich möchte Wein.
Ich möchte Kaviar.
Ich möchte Kognak.
Ich möchte Zigarren.
Ich möchte eine Frau.
Ich möchte eine schöne Wohnung.
Ich möchte ein Haus.
Ich möchte ein Auto.
Ich möchte eine Fabrik.
Ich möchte viele Autos.
Ich möchte eine zweite Frau.
Ich möchte nichts arbeiten.
Ich möchte alles haben.
Ich möchte über alles herrschen.
Ich will sein wie Gott.
Ich möchte einen Apfel.

MAN TUT SEINE PFLICHT

Man tut seine Pflicht.
  Endlich hat man den Sündenbock!
Man tut seine Pflicht.
  Gut, daß es Gesetze gibt!
Man tut seine Pflicht.
  Aufhängen müßte man das Gesindel!
Man tut seine Pflicht.
  Die Welt ist schlecht;
  schuld sind die Verbrecher,
  die Studenten, die Gammler,
  die Gastarbeiter, die Neger.
Man tut seine Pflicht.
  Für das Soziale haben wir Fürsorgeämter!
Man tut seine Pflicht.
  Mir hat auch keiner geholfen!
Man tut seine Pflicht.
  Wer mehr tut, ist verrückt!

MAN DENKT EBEN SO

Man denkt eben so.
  Wer denkt eben so?
Man sagt uns immer wieder.
  Wer sagt uns immer wieder?
Man schreibt viel darüber.
  Wer schreibt viel darüber?
Man kann doch nicht.
  Wer kann doch nicht?
Man wird nur ausgenützt.
  Wer wird nur ausgenützt?
Man kann es nicht dulden.
  Wer kann es nicht dulden?
Man hilft ja gerne.
  Wer hilft ja gerne?
Man weiß ja nicht.
  Wer weiß ja nicht?
Man sagt ja nichts.
  Wer sagt ja nichts?
Man hat es satt.
  Wer hat es satt?
Man schlägt halt zu.
  Wer schlägt halt zu?

X
Ich fordere euch auf, kritisch zu sein

ICH FORDERE EUCH AUF, KRITISCH ZU SEIN

Ich fordere euch auf,
kritisch zu sein
gegenüber
Gratulationen,
klugen Worten,
Geschenken,
Ratschlägen,
freundlichen Gesichtern,
Stimmung,
Predigern,
der Steuerbehörde,
Gedichten,
dem Krieg,
Flugzeugentführern,
Patentlösungen,
Enzykliken,
Süßigkeiten,
gegenüber Kritik,
LSD,
dem Frieden,
Ärzten,
Lehrern,
Fanatikern,
Hängebrücken,
Autobahnen,
dem Glück.

ALTERNATIVEN?

Vierzig Tage lang fasten,
oder du bist nicht für Gott!
Jeden Sonntag zur Messe,
oder du bist nicht für Gott!
Die kirchlichen Ehegesetze halten,
oder du bist nicht für Gott!
Am Freitag kein Fleisch essen,
oder du bist nicht für Gott!
Deinen Leib nicht zur Verbrennung bestimmen,
oder du bist nicht für Gott!
Die Kirchensteuer zahlen,
oder du bist nicht für Gott!
Nicht heiraten,
oder du bist nicht für Gott!
Täglich beten,
oder du bist nicht für Gott!
Eine SOS-Plakette auf deinem Wagen,
oder du bist nicht für Gott!
Für die Entwicklungsländer spenden,
oder du bist nicht für Gott!
Für den Papst sein,
oder du bist nicht für Gott!
Für die Kirche sein,
oder du bist nicht für Gott!
Für den Menschen sein,
oder du bist nicht für Gott!

MISSBRAUCH DES WORTES

Mit der Lüge

Mit Lügen wird die Welt lückenlos.
Wir freuen uns an einer lückenlosen Welt.
Die lückenlose Welt ist eine Lüge.

Mit Lügen beseitigt man Schwierigkeiten.
Wir freuen uns, wenn es keine Schwierigkeiten gibt.
Daß es ohne Schwierigkeiten geht, ist eine Lüge.

Mit Lügen tröstet und beruhigt man.
Wir freuen uns über Trost und Beruhigung.
Trost und Beruhigung sind eine Lüge.

Eine lückenlos heile Welt
und eine lügenlos heile Welt
sind eine heillose Lüge.

Mit dem Wort Gottes

Als sie ihn fragten,
was er zu
Prag, My Lai, Belfast sage,
holte er tief Atem und –
verkündete ihnen das Wort Gottes.

Mit dem Wort Gottes
drückte er sich vor seinem Wort.
Mit dem Wort Gottes
drückte er sich vor einer Antwort.

Mit dem Wort Gottes
drückte er sich vor Verantwortung.
Mit dem Wort Gottes
drückte er sich herrlich aus.

Wir wollen Worte hören.
Wir wollen Antworten hören.
Wir wollen Verantwortliches hören.
Wir wollen keinen Wortwart.

Als sie ihn fragten,
was er zu
Prag, My Lai, Belfast sage,
holte er tief Atem und –
verkündete ihnen das Wort Gottes.

Er zitiert das Wort Gottes,
um nicht selber reden zu müssen.
Er borgt sich das Wort Gottes,
um besser schweigen zu können.
Er hegt und pflegt das Wort Gottes,
damit man nicht merkt, daß er nichts zu sagen hat.
Er stöbert nach dem Wort Gottes,
um sein Versagen zu tarnen.
Er bietet in Hülle und Fülle Wort Gottes an,
um sich besser versagen zu können.

Wir warten auf das Wort.
Wir warten auf Antwort.
Wir warten auf Verantwortliches.
Wir erwarten keinen Wortwart.

IN GUTEM GLAUBEN

Es ist nichts zu sagen gegen den guten Glauben
des Chefs, der seinen Mann fristlos kündigte,
ihm freundschaftlich auf die Schulter klopfte,
er werde schon etwas finden,
und am Abend fassungslos war,
als er von seinem Selbstmord hörte.

Es ist nichts zu sagen gegen den guten Glauben
der Generäle, die auf höheren Befehl
Befehle weitergeben, die Menschen
zu Mördern machen.

Es ist nichts zu sagen gegen den guten Glauben
des Stephanus, der sich im Interesse Gottes
zerschmettern ließ.

Es ist nichts zu sagen gegen den guten Glauben
des Papstes, der Enzykliken schrieb, sowie
gegen den guten Glauben des Karl Heinrich Marx,
der eine schöne neue Welt sah.

Es ist nichts zu sagen gegen den guten Glauben
des Zugführers, der nicht bremste,
weil er den Normalfall annahm,
daß der Mann mit dem Fahrrad nicht
auf den Schienen stehen bleiben werde.

Es ist nichts zu sagen gegen den guten Glauben
des Albert Schweitzer, der im Urwald
operierte und Bach spielte.

Es ist nichts zu sagen gegen den guten Glauben
des Arztes, der durch ein verwechseltes
Medikament einen Patienten sterben ließ.

Es ist nichts zu sagen gegen den guten Glauben
des Jesus von Nazaret, der es
darauf ankommen ließ, sich
den Prozeß machen zu lassen,
wie auch nichts zu sagen ist gegen
den guten Glauben der römischen Exekutive.

Es geht nichts über einen guten Glauben.

XI
Konkret gefragt

KONKRET GEFRAGT

Man trat
für die unterentwickelten Völker ein.
Man sprach
von notwendigen sozialen Reformen.
Man forderte
Maßnahmen und Gesetzesnovellen.
Man betonte
die Einheit im Grundsätzlichen.
Man war sich
über die Verpflichtung zur Menschlichkeit im klaren.
Man verweilte
mit Genuß beim Allgemeinen.

Als einer konkret fragte,
wer
denn jetzt bereit sei und
wofür
er sich einsetzen lasse,
entschuldigte sich einer nach dem andern:
So war es nicht gemeint.

ER HATTE ALLES

Er hatte alles.
Er hatte schnelle Autos,
schöne Frauen,
reiche Freunde,
große Villen.
Man grüßte ihn zuerst.
Man respektierte ihn überall.
Man wurde in seiner Nähe unterwürfig.
Er hatte alles,
wovon andre nur träumen,
außer einem: Liebe.

ZEIT SEINES LEBENS

Zeit seines Lebens
sprach man
vom Fall N.,
vom Problem N.,
von der Sache N.,
von der Affäre N.
Von einer Kartei
in die andre gereiht,
fand er die Ruhe
im Grab Nr. 2155,
und einer sagte,
als er vorüberging:
Er war *auch* ein Mensch.

NEBENEINANDER

Beim Gottesdienst stehen
Überzeugte neben Zweifelnden,
Aufmerksame neben Gelangweilten,
Satte neben Frustrierten,
Dankbare neben Verbitterten,
Phantasievolle neben Einfallslosen,
Menschen nebeneinander vor Gott.

ALS ASZET

Als Aszet
unterdrückte er alles:
seinen Ärger,
sein Weinen,
sein Lachen,
seine Triebe,
seine Bedürfnisse,
seine Sehnsucht,
seine Ängste,
seine Zweifel,
seine Zärtlichkeit.

Als Aszet
unterdrückte er alles:
sich selbst
und die Menschen um ihn.

NICHT IN IHRE HÄUSER

Viele meinten,
sie kennen Ihn schon seit der Kindheit,
sie seien durch Schule und Bücher
bestens über Ihn informiert,
und waren ratlos,
als Er gegen ihre Erwartungen
nicht in ihre Häuser,
sondern zu einem Vorbestraften,
einem ständigen Zweifler,
einem verdächtigen Subjekt
auf Besuch kam.

INSERAT

Ein Mensch wird gesucht,
einer unter drei Milliarden:
Größe und Aussehen unwichtig,
Bankkonto und Wagentype nebensächlich.
Geboten wird
eine interessante Tätigkeit.
Gefordert wird
unmenschlich viel:
Mehr hören
als reden,
mehr verstehen
als richten,
mehr helfen
als klagen.
Ein Mensch wird gesucht.
Für Dankbarkeit
wird keine Garantie übernommen.
Sollten Sie
sich der Arbeit gewachsen fühlen,
melden Sie sich
bitte so bald wie möglich
beim Nächstbesten!

Was haben wir zu beten?

Daß herkömmliche Gebete und Andachtsformen nicht mehr befriedigen, ist keine Neuigkeit. Die Krise des Gebets ist eine der zahlreichen Krisen unserer Tage; es würde auffallen, wäre es nicht so. Was in den traditionellen Gebeten gesagt wird, ist nicht mehr durch die Erfahrung des Menschen gedeckt, ein ungedeckter Scheck, ein überzogenes Konto. Was zur Sprache kommt, ist nicht das Selbstverständnis des heutigen Menschen. Die neue Erfahrung und das neue Selbstverständnis zur Sprache zu bringen, zum Gebet zu bringen, dafür sind keine gültigen und verbindlichen Formen vorhanden. Man sucht.

Und auch das weiß man schon: Es ist nichts erreicht durch eine modische Auffüllung. Die alten Begriffe durch Vokabel unserer technisch-industriellen Welt zu ersetzen, bedeutet keine Lösung des Problems. Man kann statt »Blitz und Ungewitter« und »Geißel des Erdbebens« Traktor und Computer sagen, ohne daß sich etwas ändert.

Dazu kommt noch etwas anderes: Es ist für den Menschen heute grundsätzlich schwierig, sich auszudrücken. Die Schwierigkeit, sich auszudrücken, ist selbst das Thema vieler künstlerischer Darstellungen geworden. Die Zertrümmerung der Formen wurde selbst zur Ausdrucksform, läßt aber ebenso unbefriedigt. Die Krise des Gebets ist zunächst eine Krise des Ausdrucks. Wer betet, möchte sich zeitgemäß, seiner Welt gemäß, sich selbst gemäß ausdrücken. Aber es gibt keine Regeln, wie das geht.

Noch eine Schwierigkeit taucht auf: Wer betet, ist sich gewiß. Auch wenn er voll Ungewißheit betet. Die Form des Gebetes vergewaltigt gewissermaßen den Beter. Denn Glaubens- oder Gotteserfahrung stehen unweigerlich am Anfang des Gebetes, sind seine Voraussetzung, auch dort noch, wo sie es für den Beter existentiell gerade nicht mehr sind. Suchende Gebete haben gute Tradition. Nicht nur Menschen unserer Zeit beten so, auch Augustinus hat schon so gebetet. Schließlich finden sich schon in der Bibel die unübertrefflichen Worte »Ich glaube; hilf meinem Unglauben!« (Mk 9,24). Aber ein solches Gebet weiß schon zu viel, und es sucht daher nicht ehrlich genug.

Also müßte es eine Form des Gebetes geben, die dem Rechnung trägt, eine Art von *»offenem Gebet«:* Gebet der offenen Form; ein Gebet, das offen ist, offen läßt, sich öffnet.

Glaubenserfahrung oder Gotteserfahrung würden dann nicht mehr der Ausgangspunkt, sondern erst das Ziel des Gebetes sein. Der Beter darf näher oder weiter vom Ziel sein, das Ziel kann auch verfehlt werden. Das Gebet bringt ihn auf den Weg, es stellt Weichen. Es verzichtet, eine Gotteserfahrung zu beschreiben und sie damit zu fixieren. Das offene Gebet legt dem Beter nicht ein fertiges Resultat vor, sonst würde ihm nämlich die wichtigste Arbeit abgenommen werden – die Entscheidung darf nicht vorgekaut werden. Glaubende Gotteserfahrung soll nicht als Faktum am Anfang stehen, als die Conditio sine qua non des Gebetes, sondern erst am Ende herauskommen, als die Möglichkeit des Gebetes. Das offene Gebet fordert dann nicht mehr zum Nachvollzug auf, sondern zum Vollzug. Formal hätte das zur Folge, daß konsequent auf die Du-Anrede verzichtet werden kann, werden darf.

Das *offene Gebet* rechnet mit Menschen, deren Glaube nicht mehr unproblematisch vorhanden ist. Es will nichts fixieren, festlegen, erledigen. Es will offen bleiben, will etwas ermöglichen, will nicht einzige Möglichkeit sein.

Die Meditationstexte dieses Buches sind entstanden aufgrund von Erfahrungen in Eucharistiefeiern und Wortgottesdiensten mit Studenten, sind aber keineswegs auf dieses Milieu beschränkt. Sie sind gedacht als Gebrauchstexte, vor allem für Wortgottesdienste. Sie wollen benutzt werden – als Modelle, die vergrößert, verkleinert, nachgeahmt werden können. Bau und Struktur der Texte werden davon bestimmt, daß sie sich vor allem als Hörtexte, weniger als Lesetexte verstehen. Sie zielen darauf ab, gehört zu werden, müssen daher mit dem bloßen Hören verständlich sein, das heißt, sie müssen aufs erste Mal, mit dem ersten Hören verstanden werden. Aus diesem Grund sind Wiederholungen, Refrains, Strophen, litaneiartige Muster u. ä. mit Vorliebe verwendet. Sie sollen das Zuhören erleichtern, Übersicht schaffen, ins Ohr gehen.
Ähnliches gilt von der Sprache dieser Texte. Was überhaupt für die christliche Verkündigung gilt, gilt auch für sie: Auszugehen ist von jener Sprache, die der Mensch heute versteht und spricht. Tradition wird gewahrt, wenn es gelingt, in einer neuen Sprache das zu sagen, was die alten Worte gemeint haben. Zwangsläufig enthalten Texte, die Zeugnis ablegen, die sich an jemanden wenden, um ihn herauszufordern, um ihn zu einem Engagement zu bringen, ein Moment der Subjektivität. Aber wer immer nur objektive Richtigkeiten dekretieren wollte, würde unglaubwürdig, wie Kurt Marti vermerkt: »Zeuge sein heißt: mit der

Subjektivität, die jedem gegeben, das Wort Gottes verkünden.«
Diese Texte wollen nicht in Unverbindlichkeit für sich selber existieren, sondern sie wollen anregen und anreden. Wenn der Hörer durch sie zu einem anderen Bewußtsein kommt, zu einem anderen Handeln vielleicht, dann hätten sie ihr weitestes Ziel erreicht.

Zu den Texten

Zu I:
Verschiedene Traditionen religiösen Verhaltens sind ein Stück unserer Vergangenheit. Sie immer wieder kritisch zu sichten, ist die ständige Aufgabe eines redlichen Glaubens; sich von ihnen im Fall besserer Einsichten zu lösen, ist oft schmerzlich. *»Ich begann zu beten«* reflektiert die Situation des Glaubenden, der mit seinem Glauben unterwegs ist, und möchte gleichsam programmatisch nachdenklich machen und zur Bereitschaft für notwendige Korrekturen auffordern.
Nicht nur von außen wird die Frage nach der Verantwortbarkeit der religiösen Praxis gestellt; vielmehr fragt sich der Beter selber: *»Warum sage ich immer noch?«* Dabei geht es nicht um Apologetik; die gestellten Fragen sind Fragen, die sich in Imperative auflösen könnten.
Zu allen, die *»Vater unser«* sagen, muß der Beter Bruder sagen können. Das gleiche Anliegen, die Solidarität des Beters und seine Verflochtenheit mit den anderen, verfolgt auch der Text *»Seine Sonne geht auf«*. Die Ambivalenz der *»Welt«* läßt sich nicht aufheben: sowohl abwertende Weltverachtung als auch naiver Weltoptimismus sind ungültige Alternativen für den christlichen Glauben. So überläßt sich auch die christliche Hoffnung mit dem alten Ruf »Kyrie eleison« weder einer eschatologischen Fixierung, die sie tatenlos machen würde, noch einem absoluten Vertrauen auf das Weltengagement; vielmehr hält sich beides gegenseitig in Spannung.
Der herkömmliche religiöse Sprachgebrauch ordnet bestimmten Worten schon immer bestimmte Inhalte zu und ist in Gefahr, auf diese Weise versteinertes

Bewußtsein auszudrücken. Durch simple Rückfragen — wie *»Vertrauen, aber wem?«* — wird man gezwungen, den überlieferten Formelvorrat kritisch zu überprüfen und das allzu Vertraute und Bekannte neu zu sehen, um sich um neue Antworten zu bemühen.

Zu II:

Bestimmte stereotype Fragestellungen sind typisch für die überkommene Form der Gewissenserforschung. Wer nach ihnen sein ethisches Verhalten überprüft, der läuft Gefahr, daß ihm viele Aspekte — und vielleicht gerade diejenigen, auf die es ankommt — gar nicht unterkommen. *»Gewissens-Erforschung«* versucht eine Möglichkeit vorzuführen, in der Weise der Selbstreflexion an die Frage der Schuld heranzukommen. Allerdings kann das nur modellhaft vorgeführt werden; für jeden gelten andere Ausgangspunkte.

Ausdrücklich mit den zwischenmenschlichen Beziehungen beschäftigt sich der Text *»Du bist schlecht«*, und zwar unter dem Gesichtspunkt des Hasses. Es könnte nämlich voreilig sein, zu meinen, man hasse nicht, man sei gar nicht fähig, zu hassen, Haß komme überhaupt nicht in Frage. Nicht nur der offene, flammende Haß ist möglich, es gibt auch einen versteckten, latenten, uneingestandenen, aber praktizierten Haß. Die Argumentationsreihen wollen zeigen, daß zu seiner Rechtfertigung Gründe gesucht werden, obwohl er in Wirklichkeit grundlos ist.

Das Ganze besteht darin, daß man die negativen Eigenschaften, die den anderen hassenswert machen, an ihm deswegen entdeckt, weil man ihn haßt.

Der Text *»Und was geschieht wirklich«* meditiert

über verschiedene Vorgänge: Alltägliches, Wohlvertrautes, oft verwendete Redeweisen, Literarisches, Bibelzitate; all das wird mit der Frage verbunden: Und was geschieht wirklich? Die Frage erhält aus dem jeweiligen Zusammenhang jeweils einen anderen Sinn. Nicht immer beantwortet sie sich von selbst. Sie soll aufmerksam machen, auf das zu sehen, was geschieht.
In *»Ich gebe zu, ich habe Angst«* geht es um das Eingeständnis der vielfältigen Angst, die in der Gestaltung der zwischenmenschlichen Beziehung wirksam ist. Ziel des Eingeständnisses der Angst in dieser Art Gewissenserforschung wäre, der Passivität zu entkommen, wäre ein Appell zum Handeln.
Zu seiner eigenen Entschuldigung und Rechtfertigung Gründe zu suchen, dazu ist der Mensch immer gerne bereit. Am Schema der sieben Hauptsünden zeigen die *»Argumente eines Pharisäers«*, wie mit dem psychischen Mechanismus der Rationalisierung wirklicher Selbsterkenntnis aus dem Weg gegangen wird.

Zu III:
Der Wunsch *»Ich möchte etwas über Gott erfahren«* ist nicht nur der des Außenstehenden; vielmehr bedenkt auch der Glaubende, woher ihm sein Glaube zukommt. Der Dialog dieses Textes verweist in knappen Strichen auf die Tradition: Glaube als vermittelter Glaube, der sich in Verbindung weiß mit der gesamten Geschichte des Glaubens.
Daß sich der Glaube pervertieren kann, daß im Namen des Glaubens Unmenschlichkeit und Ungerechtigkeit praktiziert werden können, dieser Skandal war auch schon Gegenstand der Kritik des historischen Jesus.

Nicht die Frömmigkeit der Pharisäer, sondern eine pharisäische Frömmigkeit, diese Kritik gilt nach wie vor – auch heute ist *»zwischen Glauben und Glauben«* zu unterscheiden.
Der Vorwurf – *»Sagen nicht deswegen so viele«* –, Glaube sei eine folgenlose Ideologie ohne Wirklichkeitsbezug, kann nur entkräftet werden durch die Praxis der Glaubenden. Wie im Gleichnis vom Hochzeitsmahl die Reihe der Eingeladenen sich zu entschuldigen beginnt, so hat auch heute jeder sein *»Alibi«*, um einem Engagement auszuweichen. Glaube als etwas Unverlierbares, als fester Besitz ist ein Mißverständnis. In der Reihe der Ungesichertheit des menschlichen Lebens, für welches gilt: *»Nichts ist selbstverständlich«*, ist auch der Glaube keine Ausnahme; allerdings bleibt er, indem er stets verloren werden kann und stets neu errungen werden muß, ein lebendiger Glaube.
Ganz mit der Methode der Gleichnisse Jesu will der Text *»Es ist wie«* Möglichkeiten zeigen, alltägliche Bilder einzusetzen, um anstelle der biblischen die heutige konkrete Umwelt für Gleichnisse transparent zu machen.

Zu IV:
Der Zyklus *»Er ist ein Mensch geworden wie wir«* handelt von Christus; er will eine Art Christusporträt zeichnen. Keine Zeit kommt darum herum, sich jeweils ein Jesusbild zu erarbeiten, bestehend aus dem, was die historisch-kritische Forschung über Jesus von Nazaret erarbeitet, und aus dem, was den Anspruch Christi heute bedeutsam macht. Im Text *»Endlich einer, der sagt«* werden Maximen

heutiger Menschen den Worten des Evangeliums gegenübergestellt, um im Kontrast die Provokation der Botschaft Jesu von Nazaret sichtbar werden zu lassen.
»Was ist einer gegen so viele« ist die ewige Frage, ob das Christentum tatsächlich die Welt verändern könne. Einer genügt keineswegs, einer ist nichts gegen so viele; aber wenn sich durch den einen viele finden, wenn sich am Blitzlicht *»Jesus«* viele entzünden, dann ist einer viel gegen so viele.
»Es wird berichtet« verweist auf die Tradition; das neutestamentliche Prinzip der Paradose gilt auch für heute: Was uns überliefert ist, das verkünden wir. *»Heute ist er gestorben«* möchte sowohl den Skandal des Kreuzes als auch die Menschlichkeit Jesu in den Blick bringen.
Nicht so sehr nach den Umständen, den Fakten, dem Wie der Auferstehung fragt der Text *»Auferstanden«*. Ihm geht es vielmehr um die Folgen der Auferstehung, um ihre Wirkung, um das, was sie veranlaßt.

Zu V:
Die Forderung *»Wir brauchen Menschen«* gilt, damit das Christentum nicht eine ineffektive Weltverbesserungstheorie bleibt. Diese simple Einsicht durch Beispiele konkret zu machen, versucht auch der Text *»Es gibt zu viele«*.
Eine Art von Aktualisierung biblischer Wunderberichte stellt der Text *»Es war einmal – und was ist jetzt?«* dar. Er will anregen zu überprüfen, ob sich heutzutage Beispiele finden lassen, die

biblischen Wunderberichte aus einer fernen, entlegenen Welt, aus dem fast märchenhaften »Es war einmal« zu konkretisieren.
Wer ist denn mein Nächster? Die allgemeine Antwort, die der Katechismus auf diese Frage gibt, der Nächste sei jeder Mensch, Freund oder Feind, wollen die Texte *»Die, mit denen keiner redet«* und *»Liebe deine Feinde«* konkret machen. Der Text *»Die ersten Christen hatten weniger«* sucht den heutigen Glauben kritisch an dem zu messen, was an der Urkirche an christlichen Strukturen sichtbar wird. In ihren Illusionen und falschen Erwartungen, die die Apostel an Jesus richteten, *»als sie drei Jahre mit ihm gingen«*, sind sie den Christen aller Zeit ähnlich, in ihrem Zeugnis sind sie Vorbild.

Zu VI:
Die unter dem Titel *»Wer gibt mir die Hand«* vereinigten Texte haben die Nöte, Schwierigkeiten, Ängste und Schicksale der Menschen zum Thema.

Zu VII:
Auch die dem Schema des Klagepsalms angenäherten Texte *»Bin nur eine Adresse«* handeln von konkreter sozialer Not. So banal, alltäglich oder gar uninteressant sie auch sein mag, sind doch hier die Punkte, auf die die Verkündigung antwortend treffen muß und an denen sich die christliche Praxis zu bewähren hat.

Zu VIII:
Natürlich sind das Aufspüren des versteckten sozialen Elends in unserer Gesellschaft sowie das Wahrnehmen der Probleme der Dritten Welt vom heutigen Christentum gefordert. Trotzdem hat man es auch immer wieder zu tun mit dem Elend, dem Schicksal und dem Tod, das man an sich selber oder in seiner unmittelbaren Umgebung erfährt. Es könnte sein, daß von vielem bloß deswegen gilt: *»Jetzt ist es noch Schicksal«*, weil man aus was immer für Gründen nichts dagegen unternimmt, obwohl man etwas unternehmen könnte.

Zu IX:
Über die gleichen Anliegen gibt es nicht nur unter verschiedenen ideologischen Positionen, sondern auch unter Gleichgesinnten zahlreiche Verständigungsschwierigkeiten *(»Sie nennen es provokant«)*. Zu ihrer Klärung ist eine genaue Kritik erforderlich. Solche Kritik muß allerdings immer auch Selbstkritik sein *(»Sie können es nicht dulden«)* und kann beispielsweise auch am eigenen Gottesbild erfolgen *(»Sie machten sich ihren Gott«)* oder am Stellenwert, den man den materiellen Bedürfnissen und ihrer Befriedigung zumißt *(»Ich möchte einen Apfel«)*, im Text in Anspielung auf die Paradieseserzählung. Die Texte *»Man tut seine Pflicht«* und *»Man denkt eben so«* üben billigen Denkschemen und Verhaltensmustern gegenüber die Methode des einfachen Rückfragens.

Zu X:
Der Aufforderung zur Kritik *»Ich fordere euch auf, kritisch zu sein«* geht es um grundsätzliche Kritikhaltung. Die einzelnen Inhalte sind variabel, stehen stellvertretend aus verschiedenen Bereichen. Im Lauf der Zeit schleicht sich viel Peripheres und Sekundäres ein und gibt sich für das Entscheidende und Wichtige aus. Schon die Propheten haben immer gemahnt, den Blick auf das Eigentliche zu richten, und betrieben Kritik an falschen *»Alternativen«*.
»Mit der Lüge« und *»Mit dem Wort Gottes«* sind Texte mit ähnlichen Motiven. Der *»Mißbrauch des Wortes«* muß nicht immer offenkundig und sofort durchschaubar sein; selbst das Wort Gottes kann, wenn der Verkünder zum bloßen »Wortwart« wird, zu einem Mittel werden, mit dem man verschleiert und täuscht.
»In gutem Glauben« gehandelt zu haben, gilt als Entschuldigung für Versagen. Aber der »gute Glaube« kann sich in alle Richtungen drehen und ziemlich alles bemänteln. Der »gute Glaube« sollte tatsächlich ein guter Glaube sein und nicht eine Ausrede.

Zu XI:
Es ist eine alte Erfahrung, daß es meist leichter ist, den Fernsten zu lieben als den Nächsten. Zwar ist schon sehr viel erreicht, sobald das Bewußtsein von der Verantwortung für die großen Weltprobleme geweckt ist, aber solange nicht *»konkret gefragt«* wird, bleibt alles unverbindlich und wirkungslos.

Ob ein Mensch aufgrund seiner Herkunft und seiner sozialen Stellung in Überfluß und Wohlstand lebt *(»Er hatte alles«)* oder, bloß bürokratisch erfaßt, am Rand der Gesellschaft dahinvegetiert *(»Zeit seines Lebens«)*, entscheidendes Kriterium bleibt, wie er menschlich akzeptiert wird, entscheidend bleibt einzig die Liebe.
Wenn Menschen *»nebeneinander«* beim Gottesdienst stehen, wird ihre Gemeinschaftlichkeit immer durchkreuzt werden durch Nichtgemeinsames und durch Unterschiede; der Gottesdienst könnte aber der Ort sein, an dem die Verschiedenheiten und Trennungslinien bedeutungslos und aufgehoben werden.
Das aszetische Ideal des Christentums hat in sich eine nicht zu unterschätzende Tendenz zur Unmenschlichkeit. Die Unterdrückungen, die einer *»als Aszet«* leistet, um zum Dienst an den Menschen frei zu werden, können, wenn sich das Aszetische verabsolutiert, zu Unterdrückungen des Menschen werden.
Wie im Neuen Testament Zachäus zur Überraschung aller von Jesus besucht wird, ist auch heutzutage ein Abbau der Vorurteile angebracht; damit jene, die genau bestimmen möchten, wo sich Heil zu ereignen habe, nicht verärgert sind, wenn Jesus *»nicht in ihre Häuser«* einkehrt.
Tagtäglich finden sich in den Zeitungen Stellenangebote mit verlockenden und attraktiven Bedingungen. Es wäre ein *»Inserat«* denkbar, in welchem für die »Arbeit« Nächstenliebe geworben wird.

JOSEF DIRNBECK

geboren am 5. Jänner 1948 in Rotenturm/Pinka, Burgenland. Studium der katholischen Theologie in Wien und Graz. Mitarbeit an Zeitschriften und Sammelwerken.

MARTIN GUTL

geboren am 28. April 1942 in Feldbach. Theologiestudium in Graz. 1966 Priesterweihe. Zunächst Kaplan in der Industriepfarre Mürzzuschlag, seit 1969 Studentenseelsorger in der Katholischen Hochschulgemeinde in Graz. Seit 1973 auch Geistlicher Assistent des Zentrums für Massenkommunikation. Weiters Mitglied der Amnesty International und der Liga für Menschenrechte. Leiter eines Sozialarbeitskreises. Neben zahlreichen Vorträgen Mitarbeit an Büchern, Zeitschriften und Zeitungen. Sein Ziel: über Meditation, kritische Einstellung und Aktivität einen Bogen zu spannen.

Von J. Dirnbeck stammen: II, X.
Von M. Gutl stammen: I, IV, VII, XI.
Von Dirnbeck und Gutl gemeinsam: III, V, VI, VIII, IX.

Weitere Werke von Josef Dirnbeck und Martin Gutl:

Josef Dirnbeck/Martin Gutl
Ich wollte schon immer mit dir reden
Meditationstexte
2. Auflage
158 Seiten, Balacron

Martin Gutl
Loblied vor der Klagemauer
(Als Buch des Jahres
von der Verlagsgruppe Engagement ausgezeichnet)
159 Seiten, Balacron

Martin Gutl
Der tanzende Hiob
3. Auflage
128 Seiten, Balacron

Josef Dirnbeck
Hymnen der Kirche
Lateinische Texte und deutsche Nachdichtungen
176 Seiten, gebunden

Verlag Styria Graz Wien Köln